AF227119

LA VÉRITÉ

SUR

LA DÉFENSE DE PARIS

———◇———

EXPLICATIONS

SUR LES ÉLECTIONS DE LA CAPITALE

LE 8 FÉVRIER 1871

LA VÉRITÉ

SUR

LA DÉFENSE

DE PARIS

EXPLICATIONS

Sur les Élections de la Capitale
le 8 Février 1871

BREST

IMPRIMERIE J. B. LEFOURNIER AÎNÉ, GRAND'RUE, 86.

1871

LA VÉRITÉ

SUR

LA DÉFENSE DE PARIS

EXPLICATIONS

SUR LES ÉLECTIONS DE LA CAPITALE LE 8 FÉVRIER 1871

LETTRE ADRESSÉE AU JOURNAL L'UNION.

MONSIEUR LE RÉDACTEUR EN CHEF,

Dans un de vos précédents numéros, vous avez fait allusion, sans vous y associer, au mouvement d'opinion qui semble pousser la province à se détacher de Paris ; vous avez indiqué la décentralisation administrative comme étant le meilleur remède à opposer aux conséquences des agitations parisiennes ; enfin, vous avez exprimé le désir que, pour un certain temps au moins, la Représentation nationale cessât de siéger dans la capitale.

Je n'ai pas besoin de vous dire que j'accepte complètement vos appréciations. Tout observateur sérieux doit en effet reconnaître que Paris a été depuis 80 ans un foyer de révolutions, et que son influence a produit l'amoindrissement politique et social du pays. En outre, il est évident que la décentralisation est le moyen le plus propre à modifier cet état de choses, et qu'il faut l'expérimenter avec énergie et persévérance.

Mon but, en vous écrivant ces lignes, ne consiste donc pas à revenir sur des vérités incontestables, et encore moins à prendre la défense des Parisiens qui sont incorrigibles, et-qui ont, hélas ! mérité malheureusement les dures leçons que la Providence leur inflige.

Je tiens seulement à vous entretenir des élections de la capitale. Ces élections qui ont ont causé un si vif désappointement en province, sont beaucoup moins qu'on ne le suppose, une preuve de l'esprit démagogique qui anime les habitants, qu'une protestation contre les hommes du 4 Septembre. Paris est mécontent, je puis même dire outré contre le Gouvernement qu'il a supporté pendant plus de cinq mois. C'est assez son habitude, et ce mécontentement n'étonnera personne. Néanmoins, pour être juste, il faut reconnaître que les Parisiens ont été pendant toute la durée du siége surprenants de patience et d'abnégation et qu'ils ont déployé le plus ardent patriotisme. Sauf les Bellevillois et quelques rares exceptions, on peut dire qu'ils se sont prêtés à tout.

Jamais ils n'ont accordé à aucun pouvoir un témoignage de confiance plus magnifique que celui qui sortit du plébiscite de Novembre 1870 ; jamais aussi, il faut le dire, jamais plus amère déception n'est venue récompenser une population trop aveugle. Le 8 Février, une réaction était inévitable. Les électeurs qui regrettaient leur vote de Novembre se sont jetés alors dans les voies extrêmes qu'ils avaient si noblement répudiées trois mois auparavant ; et, au lieu de demander aux hommes honorables des partis modérés de prendre en main la défense de leurs vrais intérêts, ils se sont livrés sans réserve à ces agitateurs et à ces charlatans politiques qui sont toujours sur la brèche le jour où il y a une douleur patriotique à exploiter. Rien n'est plus fâcheux ; car rien ne saurait donner une idée plus fausse de la docilité de la population parisienne pendant la totalité du siége.

Ce que la province ignore , parce qu'on le lui a caché et parce qu'il lui a été impossible de découvrir la vérité à travers la multiplicité et l'importance des événements qui se succédaient, c'est que le Gouvernement de la défense a été constamment au-dessous de sa mission. De là l'espèce de popularité qui s'est attachée à plusieurs de ses membres dans les départements , tandis qu'au contraire tous les arrondissements de Paris, tous les comités, se sont fait une loi de le frapper, dans son ensemble , d'une juste réprobation. En vain, dira-t-on, que ce gouvernement était composé d'honnêtes gens, que les intentions étaient excellentes, que l'honorable général Trochu, notamment, était et est encore la personnification la plus parfaite de l'esprit chevaleresque français, etc. , etc........ Loin de moi la pensée de contester les qualités personnelles et le caractère des uns ou des autres ; je me contente de juger des actes, et malheureusement j'ai à constater une série de faits vraiment déplorables.

Quand une place de guerre est assiégée par des forces ennemies, est-ce bien le moment d'appliquer les principes de la liberté commerciale ? Et le rationnement du pain , ne s'impose-t-il pas comme une nécessité absolue ? Ne voit-on pas sur le champ que la situation devient exceptionnelle, et qu'il faut par conséquent employer à son égard des remèdes exceptionnels ? Ce rationnement du pain qui était à la fois le salut de la grande cité et celui des habitants, qui donc a empêché de le pratiquer dès le premier jour ? Dira-t-on qu'on ignorait les ressources dont on disposait ? Je conviens très-volontiers qu'il faut du temps pour tout connaître, et qu'on ne peut obliger des ministres à posséder la science infuse. Mais, plus on était dans l'incertitude, plus la mesure était nécessaire, et plus il fallait déployer d'énergie dans son exécution. Malheureusement, l'incurie et la mollesse ont empêché de prendre les décisions que le bons sens le plus vulgaire aurait conseillées. Au lieu de donner des ordres pour faire abattre et saler tous les chevaux qui n'étaient pas indispensables aux transports de l'armée, n'a-t-on pas toléré, qu'à défaut d'avoines et d'autres fourrages, le pain fut distribué à ces animaux ? Et, pendant que le pain, cet élément principal de la subsistance publique, était indignement gaspillé, que s'est-il passé pour les pommes de terre, pour les fromages, et pour d'autres denrées alimentaires, tout aussi précieuses ?

. Ici, le Gouvernement, adoptant un système opposé à celui qu'il avait suivi pour la farine, les mettait en réquisition. Mais, après les avoir emmagasinées, il oubliait qu'il faut prendre certaines précautions pour les conserver. Le dernier épicier de la banlieue, auquel on aurait demandé conseil, se serait empressé d'indiquer la marche à suivre, et on n'aurait pas vu rapidement s'évanouir des marchandises qu'il fallait préserver à tout prix de la pourriture et de l'avarie.

Je ne crains pas de le proclamer bien haut, les Parisiens ont accepté patiemment toutes les privations. Quand on songe aux souffrances de pauvres mères de famille, plus préoccupées de leurs enfants que d'elles-mêmes, allant attendre souvent par dix et douze degrés de froid, pendant de longues heures, à la porte des boucheries et des boulangeries, des rations d'une insuffisance notoire, on est saisi d'une profonde compassion. Et l'on se demande comment cette population si résignée dans son malheur, n'aurait pas subi sans murmurer, dès le 4 Septembre, le rationnement qu'on lui a imposé dans la seconde partie du mois de Janvier 1871. En supposant même qu'on eût permis à chacun de se faire délivrer, contre paiement, un maximum de 750 grammes par jour, il est clair qu'on eût ménagé à la défense un délai d'un mois et peut-être d'un mois et demi, qu'elle aurait pu mettre à profit. On n'aurait pas ainsi fourni à M. Gambetta l'occasion de soutenir qu'en raison de l'état avancé des subsistances de Paris, il a dû précipiter le mouvement de la province et risquer de perdre tout à la fois. Cette question des vivres était d'une importance capitale, et l'on croit rêver lorsqu'on s'aperçoit qu'elle a été traitée avec une pareille légèreté. Les intentions du Gouvernement ne peuvent être suspectées, je le répète ; mais il semble vraiment qu'il ait été frappé de vertige, lorsqu'il a apporté dans la crise foudroyante par laquelle le pays vient de passer, une tranquillité qui n'a rien de commun avec le sang-froid et qui est bien plutôt voisine de l'insouciance ou de l'incapacité.

C'est évidemment aux mêmes causes qu'il faut attribuer l'avortement des négociations engagées à la fin d'Octobre, en vue d'obtenir un armistice. Le Gouvernement, pressé de reporter sur une Assemblée nationale la responsabilité qui pesait sur lui, et de partager désormais avec cette Assemblée la conduite des affaires qu'il avait si mal dirigées jusque-là, avait envoyé M. Thiers à Versailles pour y solliciter cet armistice. Quelques jours après, le *Journal officiel* venait apprendre aux assiégés que M. de Bismark, ne consentant pas au ravitaillement de la capitale pendant le délai nécessaire pour les élections, le Gouvernement de la défense s'était vu dans la nécessité de rejeter un semblable arrangement. La réponse eût été digne, elle eût été raisonnable, s'il n'était effectivement resté dans l'enceinte qu'une provision de vivres correspondant à peine à trente ou quarante jours. Mais les faits postérieurs nous ont donné la preuve qu'on avait trois mois d'existence devant soi, et non pas trente ou quarante jours. Aussi en est-on réduit à se demander par quels motifs profonds nos hommes d'Etat ont décidé qu'il y avait lieu de repousser une combinaison qui, en réalité, ne présentait rien d'inacceptable. L'opposition radicale enferme ici le Gouvernement dans un dilemme redoutable. Elle lui dit avec la sûreté de coup-d'œil qui lui fait découvrir le côté faible de ses adversaires, et en même temps avec la perfidie que la caractérise :

« Ou vous ignoriez l'état des vivres ; ou vous » saviez au contraire à quoi vous en tenir sur nos res- » sources. »

Dans le premier cas, vous êtes inexcusables, car vous avez eu deux mois pour vous renseigner ; et, en négligeant le plus impérieux de vos devoirs, vous avez démontré que vous n'étiez pas à la hauteur de vos fonctions.

Dans le second cas, vous êtes de grands coupables, car votre refus d'élire une Chambre contenait implicitement la promesse du succès et indiquait chez vous la certitude de triompher de nos ennemis. Or, vous ne devez pas oublier que toutes vos entreprises ont été marquées au coin de l'ineptie, dans leur conception et dans leur exécution. De plus, vous avez prouvé au pays que vous teniez à vous cramponner au pouvoir et que vous redoutiez le contrôle d'une Chambre librement élue. Ne soyez donc pas surpris que dans la situation où vous nous placez, nous demandions votre mise en accusation. Tel est le langage adopté par cette opposition violente qui ne fait grâce à personne, et qui détruit successivement tout ce qui s'élève ; mais avec laquelle on doit compter fatalement quand on est soi-même un pouvoir révolutionnaire.

Si les esprits raisonnables refusent de s'associer à de pareilles attaques, il n'en faut pas moins reconnaître qu'entre les deux termes de la proposition posée tout à l'heure il n'y pas de milieu. S'il n'y a pas de culpabilité chez les hommes du 4 Septembre, il y a nécessairement de leur part ignorance et incapacité. En calculant le préjudice immense causé par leur incurie, on commence à comprendre que les Parisiens aient refusé de se confier une seconde fois à des mains aussi débiles. La réunion d'une Assemblée était pour le pays le retour à la légalité , la cessation d'une anarchie déplorable ; elle était par-dessus tout une chance de salut. Les élections qui ont été opérées en Février, avec une rapidité vertigineuse, étaient closes avant même qu'une foule de candidats enfermés dans Paris aient eu le temps de faire connaître leurs intentions. Sans doute elles ont produit des résultats heureux dans leur ensemble ; mais le hasard qui a facilité le triomphe des bons éléments aurait pu aussi bien donner la prépondérance aux mauvais. D'ailleurs ces mêmes éléments que je me plais à mettre en relief , n'auraient-ils pas été tout autant l'expression du scrutin de Novembre que celle du scrutin de Février ? Si le pays était décidé à se faire représenter par les députés qui composent la Chambre actuelle, pourquoi se serait-il prononcé différemment il y a quatre mois ? Est-ce parce qu'il aurait eu alors tous les délais nécessaires pour discuter le mérite des divers candidats ? Est-ce parce que notre territoire était infiniment moins envahi par l'ennemi ? En vérité, on serait presque tenté de se le demander ?

Mais, lorsque les générations futures apprendront l'histoire de ces temps néfastes, elles jugeront sévèrement les hommes qui, par ignorance ou par caprice, ont repoussé un armistice de 25 jours que la France aurait accueilli avec avidité, et qu'elle aurait utilisé sans délai, tant il était urgent d'en finir avec les dictatures qui nous conduisaient aux abîmes. Elles rendront le Gouvernement provisoire responsable des lenteurs du général Trochu et des folies de M. Gambetta ; elles lui attribueront aussi la précipitation avec laquelle l'Assemblée nationale a dû voter cette paix qui met bien un terme à la guerre, mais qui a pour triste conséquence de donner au pays la mesure véritable de son abaissement.

Les contemporains ne seront pas moins sévères. Ils diront à ceux qui se sont emparés du pouvoir sans y être conviés : « Vous n'avez pas cessé de marcher
» en aveugles. Quand tout vous faisait une obligation
» de vous renseigner, vous avez imité la négligence
» du Gouvernement précédent. Enfin, puisque le ravi-
» taillement ne nous était pas indispensable pour
» entreprendre les élections, c'est à votre ignorance
» sur l'état des vivres que nous devons d'avoir été
» livrés trois mois de plus à votre déplorable incapacité.
» C'est encore à vous que l'Assemblée doit ses em-
» barras présents ; c'est parce qu'elle n'a pu prendre
» la direction de nos affaires, avant que notre ruine ne
» fût consommée, qu'il lui faut aujourd'hui débrouiller
» le chaos dans lequel vous nous avez plongés. »

C'est en vain que je cherche un point lumineux dans ce passé si chargé de nuages, je ne découvre que des fautes, et je vois qu'en tout et pour tout, l'imprévoyance a été constamment à l'ordre du jour.

S'agissait-il d'organiser quelque chose ? Voulait-on par exemple augmenter les forces militaires ? C'était encore à des mesures tardives et susceptibles de froisser le sentiment public qu'on avait le malheur de recourir. En France, le Gouvernement n'est pas toujours obéi quand il se contente d'exécuter la loi ; à p'us forte raison rencontre-t-il des résistances quand la loi subit des mutilations, ou qu'elle est faussement appliquée. C'est donc un écueil dans lequel on doit éviter de tomber, surtout lorsqu'on se trouve en présence de nécessités impérieuses, qui réclament une satisfaction immédiate.

Pour grossir l'armée ou pour combler les vides, la loi militaire établissait les catégories suivantes :

Elle appelait successivement,

1° Les célibataires   de 25 à 35 ans ;
2° Les célibataires   de 35 à 45 ans ;
3° Les hommes mariés de 25 à 35 ans ;
4° Les hommes mariés de 35 à 45 ans.

Comme il fallait se préparer dès les premiers jours de Septembre à supporter les conséquences de l'investissement de Paris, il n'y avait pas un instant à perdre pour obtenir la liste complète des quatre catégories indiquées ci-dessus. Pour cela, il suffisait de s'adresser aux mairies des vingt arrondissements et de leur donner des instructions sur la marche à suivre Les listes partielles auraient servi à composer la liste générale ; on aurait inséré dans le *Journal officiel* un avis enjoignant à chaque citoyen marié ou non marié d'avoir à se renseigner sur le rang qu'il occupait dans cet immense tableau ; et, après avoir accordé un délai normal pour faire valoir les réclamations, la liste se serait trouvée définitivement arrêtée.

Cette manière de procéder offrait un double avantage : 1° elle donnait à chacun la certitude qu'il ne serait appelé qu'au fur et à mesure que les hommes de la catégorie ou de l'âge précédents seraient convoqués ; 2° elle mettait à la disposition du Gouvernement une réserve gigantesque dans laquelle il lui aurait été facile de puiser longtemps.

Il faut croire que le parti le plus simple est celui qu'on se résigne le plus difficilement à adopter. D'abord, au lieu d'agir en Septembre et de préparer la population aux sacrifices qu'on attendait de son dévouement, on s'est contenté pendant deux mois et demi de l'envoyer aux remparts, de lui faire faire l'exercice avec plus ou moins de régularité, et de tolérer de sa part des manifestations inutiles et bruyantes, telles que celles qui eurent lieu sur la place de la Concorde, autour de la statue de Strasbourg.

Ce ne fut que dans la seconde quinzaine de Novembre qu'on commença à prendre au sérieux les Parisiens, et qu'on s'aperçut qu'il ne suffisait pas de les laisser jouer au soldat pour les transformer en guerriers véritables. En raison des opérations militaires qui allaient être engagées, on jugea utile d'emprunter à la garde nationale sédentaire 100,000 hommes, qui devinrent par la suite les bataillons de marche dont il a été question dans la seconde période du siége. Ce travail fut exécuté avec la plus regrettable précipitation. A la vérité, les catégories dont j'ai parlé plus haut furent maintenues ; mais, comme vous allez le voir, elles ne portèrent pas sur l'ensemble de la population. Le Gouvernement, pressé par l'urgence et redoutant de recevoir une solution trop lente s'il s'adressait aux mairies qui auraient réparti l'appel des 100,000 hommes sur la cité tout entière, et qui auraient mis les uns et les autres à leur place régulière, contraignit chaque bataillon de la garde nationale sédentaire à lui verser immédiatement 400 citoyens répondant aux quatre catégories prévues par la loi.

En vain lui fit-on observer que les bataillons de la garde nationale sédentaire sont composés d'éléments divers et qu'ils ne présentent entr'eux aucune analogie, il répondit invariablement qu'il ne pouvait s'arrêter à ces considérations. Qu'en résulta-t-il ? Rien d'équitable à coup-sûr ; car certains bataillons durent envoyer des hommes de 40 ans, mariés et pères de famille, tandis que certains autres recrutèrent leur contingent parmi les hommes de 27 à 30 ans. En d'autres termes, des jeunes gens, des célibataires eurent l'avantage de rester en dehors de l'appel, tandis que des hommes mariés de 38 et même 40 ans furent condamnés à partir.

Je ne vous dirai pas qu'une telle mesure fut accueillie avec satisfaction. Les journaux de toutes les opinions la critiquèrent vivement. Elle blessait d'ailleurs ouvertement les principes de justice et d'égalité que nous sommes habitués à respecter. Pourtant, malgré son irrégularité, le décret fut exécuté dans sa forme et dans sa teneur. En quelques jours, le Gouvernement put disposer des nouveaux bataillons, les équiper et les adapter au service qu'il allait leur imposer. Cette obéissance passive de la part de Parisiens révolution- naires et réputés ingouvernables, constitue, certes, un acte de patriotisme qui mérite d'être enregistré. Ainsi, en matière d'organisation militaire, les hommes du 4 Septembre, qui auraient pu déployer à leur aise les talents qu'on leur prêtait avec une générosité un peu inconséquente, montrèrent une fois de plus leur inex- périence et leur faiblesse.

Je n'ose vous parler de la discipline, sans laquelle il n'y a pas d'armée. Les bons citoyens se rappellent avec désespoir qu'aucun effort n'a été tenté pour la rétablir. Cette persévérance dans le désordre explique la continuité de nos revers; elle explique aussi la jactance de nos ennemis, la sûreté de leurs coups, enfin leur confiance inébranlable dans le succès définitif de leurs armes.

En temps ordinaire, la société doit prendre à sa charge la population malheureuse. Pendant le siége de Paris, le Gouvernement, s'inspirant des besoins de la situation, et voulant répondre au dévouement par la charité, n'hésita pas à venir en aide aux gardes nationaux nécessiteux. Mais, la fatalité qui pesait sur lui, et qui enlevait toute valeur à ses meilleures intentions, le portait à commettre des maladresses dans ses actes les plus honorables. La bienfaisance s'exerce plus sûrement par des dons en nature que par des libéralités pécuniaires, parce que ces dons contiennent en eux-mêmes le remède matériel et palpable qui convient à la vraie misère. Si les trente sols accordés aux gardes nationaux soulagèrent de réelles infortunes, en revanche ils furent aussi une cause de gaspillage et ils augmentèrent la tendance du peuple vers l'ivrognerie. Si mes renseignements sont exacts, la consommation du vin pendant l'investissement a dépassé tout ce qu'on pourrait imaginer. La famille a donc profité beaucoup moins que le débitant de boissons d'une indemnité qui a grevé le budget de l'Etat d'un nouvel arriéré, au grand détriment de la morale et de la santé publique. En outre, ceux qui désirent sincèrement la régénération de la nation française et qui travaillent à écarter les motifs de troubles intérieurs, ne sont pas sans inquiétudes sur le retrait de ces trente sols, surtout lorsqu'ils considèrent qu'il faudra les enlever à des citoyens dépourvus de moyens d'existence et qui ont perdu l'habitude du travail au milieu du désœuvrement de la vie militaire.

En résumé, si l'Empire nous a perdu par ses fautes, les hommes du 4 Septembre, auxquels on ne peut refuser cependant le mérite de l'honnêteté, ont tenu à continuer ses traditions d'imprévoyance et d'incapacité. Leur passage au pouvoir aura contribué à rendre définitive la ruine du pays, qui n'était encore qu'incomplète au lendemain de Sedan. La République a été proclamée par eux sans que le pays fût consulté, et alors que le bon sens commandait de respecter l'avenir. Ils ont imité l'Empire dans son intempérance de phrases creuses et sonores, et se sont exposés comme lui, à recevoir des démentis honteux et sanglants. Ils n'ont cessé d'être en contradiction avec cette majorité qui les avait acclamés, et ils ont donné pour tout aliment à son patriotisme le bénéfice de mesures dérisoires, telles que le changement de nom de certaines rues et de certains boulevards. Enfin, contre la minorité révolutionnaire, qui mettait en péril notre situation déjà si précaire, ils n'ont montré ni énergie, ni vigueur, et ils ont laissé au parti de l'ordre le regret de les avoir soutenus par son vote, lors du plébiscite de Novembre.

Ne soyez donc pas surpris qu'un pareil Gouvernement ait été abandonné par tout le monde en Février dernier. Je n'ai pas besoin de vous répéter que je n'entends en aucune façon me constituer l'avocat des Parisiens ; je sais à quel point ils ont abusé de la patience de la France et de celle du monde entier ; mais c'est précisément parce qu'ils se présenteront à la postérité avec un bilan politique effrayant, qu'il y a lieu de ne pas mettre à leur charge exclusive les déplorables élections du 8 Février. Le pouvoir, constitué irrégulièrement le 4 Septembre, avait promis la victoire et le retour aux vertus antiques. En ne tenant aucune de ses promesses, il a trompé ceux qui avaient placé en lui leur confiance, il s'est trompé lui-même ; enfin, il perdu sa raison d'être et il s'est condamné à périr. Des adversaires implacables ont voulu le mettre en accusation. Ils ont eu tort, car l'impuissance administrative et politique n'est pas un crime ; et, jusqu'à nouvel ordre, nous devons admettre que l'honneur des membres de l'ex-Gouvernement de la Défense nationale est la seule partie de leur individualité qui ne se soit pas engloutie dans le naufrage de leurs espérances. Les attaques dont ils sont l'objet réveilleront probablement quelques sympathies autour d'eux ; mais elles ne produiront pas une réaction suffisante pour relever leur prestige, qui est détruit à tout jamais.

Je ne terminerai pas cette lettre déjà si longue sans vous dire que l'histore du siége de la capitale fournira très-heureusement des enseignements plus féconds que l'inconséquence apparente des Parisiens. Elle montrera ce qu'il est permis d'attendre du gouvernement des avocats ; elle indiquera l'erreur où ils ont entraîné la France lorsqu'ils lui ont persuadé que des partisans déclarés de la paix, étaient susceptibles de devenir de bons instruments pour conduire la guerre à outrance. Elle dévoilera enfin l'impatience furieuse qui les dévore lorsqu'ils sont dans les rangs de l'opposition, en prouvant que cette impatience n'a été contenue ni par la honte d'opérer une révolution en face de l'ennemi, ni par la crainte de faire endosser à la République, qui leur est si chère, l'onéreuse succession de l'Empire.

C'est en vain qu'ils essayeront de se justifier en soutenant que la France était perdue. On leur répondra qu'ils étaient acteurs volontaires et non spectateurs dans ce drame funeste, et qu'après avoir satisfait leurs convoitises, en s'attribuant un rôle à leur convenance, ils avaient perdu le droit d'appeler la défense de Paris *une héroïque folie.*

La postérité reconnaîtra aussi, je l'espère bien, dans ces événements, une intervention toute puissante. Elle verra la Providence châtiant impitoyablement le peuple qu'elle a le plus favorisé dans les annales des siècles, parce qu'il a érigé la Révolution en système, et qu'il a travaillé sans relâche à détruire la foi politique et la foi religieuse, sans lesquelles il ne peut rien y avoir de durable ici-bas.

EXTRAITS

DU JOURNAL *L'ABEILLE DE LORIENT*

N^{os} DES 16 ET 18 FÉVRIER.

15 Février 1871.

Ayant eu la bonne fortune d'échanger quelques conversations avec des personnes dignes de toute confiance, arrivées tout récemment de la capitale, nous nous empressons de faire connaître à nos lecteurs les renseignements que nous avons recueillis par cette voie, sur le siége de Paris.

Si les résultats n'ont pas répondu à l'attente

générale, ce n'est pas que le général Trochu n'ait pas consacré à la défense toute son expérience, et toute son activité. Ce ne sont pas non plus les bonnes intentions qui ont manqué à la majorité du Gouvernement du 4 Septembre. Mais il faut malheureusement le reconnaître, le désastre inouï de Sedan avait plongé le pays tout entier dans un tel désarroi politique et matériel, que les hommes dévoués à son salut, n'ont pu prendre, en temps opportun, les mesures rapides et décisives qui auraient pu nous sauver.

Chacun s'est demandé comment le Gouvernement qui disposait d'immenses ressources, n'en avait pas tiré un meilleur parti au profit du salut commun. Pendant les mois de Décembre et de Janvier, chacun s'est étonné de l'inaction du commandant en chef de nos forces militaires, et a déploré, dans un langage plus ou moins amer, qu'on n'ait pas tenté de percer les lignes prussiennes. Hâtons-nous de répondre à ces questions et d'affirmer que ces entreprises désespérées n'étaient plus possibles depuis longtemps, parce qu'elles auraient été inutiles. Une fois l'investissement de Paris terminé, il n'était pas plus permis à l'armée et à la garde nationale de briser le cercle de fer qui les étouffait, qu'il n'était facile aux Prussiens de s'emparer de nos merveilleuses forteresses. Des deux côtés, le problème à résoudre présentait les mêmes embarras, et il fallait le considérer comme insoluble. Si les vivres n'avaient pas fait défaut, les Prussiens, malgré leur bombardement, malgré leur artillerie, seraient encore devant Paris, attendant que les habitants fussent réduits à dévorer leur dernier morceau de pain.

Ce n'était donc pas par des tentatives réitérées, faites dans le but de percer les lignes de nos ennemis, que l'on pouvait espérer délivrer Paris de l'étreinte prussienne. C'était au lendemain même du 4 Septembre qu'il fallait préparer ses moyens d'action, et les diriger dans un sens diamétralement opposé à celui qui a été suivi. Le désastre de Sedan, dû à l'imprévoyance de l'empereur et à son manque absolu de notions militaires, même les plus élémentaires, était une leçon dont on devait profiter. Que s'était-il passé en effet ? Sedan, ville de 16 ou 17,000 âmes, avait dû contenir à un moment donné une population de 80,000 soldats, à laquelle il était impossible de fournir des moyens d'existence, non-seulement pour plusieurs jours, mais pour le lendemain même. Aussi, la reddition était-elle certaine, imminente, et les Prussiens l'attendaient-ils sans impatience, tant elle était infaillible.

Le même phénomène pouvait se représenter dans Paris, si l'on y faisait entrer les mobiles de la province et les débris de l'armée de Vinoy. Il suffisait d'organiser la défense dans les forts, au moyen de marins, que nos ennemis ont proclamé à plusieurs reprises les premiers soldats et les plus habiles pointeurs du monde entier. Il fallait employer en outre les restes de certains corps spéciaux qu'on avait sous la main, tels que les gendarmes, les douaniers, les pompiers, les anciens sergents de ville, etc. Une fois les forteresses devenues imprenables, grâce à ces moyens, il fallait préparer dans la ville les éléments d'une armée de réserve, destinée à couvrir les remparts et à maintenir l'ordre.

La première partie de ce programme (nous voulons parler de la défense des forts), a bien été remplie par les moyens que nous venons d'indiquer ; mais on a laissé entrer les mobiles de la province et le corps de Vinoy, tandis qu'il y avait urgence à les détourner de cette route fatale et à les expédier sur un point quelconque pour se rallier et s'organiser.

Supposons, en effet, les cent vingt mille hommes dont il s'agit, prêts à marcher dès la fin de Septembre, sous la conduite du général Trochu, au secours du maréchal Bazaine, enfermé dans Metz. Est-ce qu'on n'aurait pas pu espérer des résultats tout différents de ceux que nous avons obtenus ? Supposons le général Trochu parti par le ballon qui a emporté M. Gambetta, supposons-le, disons-nous, à la tête d'une armée reposée, et bien préparée, qu'il aurait pu connaître en peu de temps, et voyons-le livrer combats sur combats aux Prussiens établis devant Metz ? Est-ce que dans ces attaques continuelles, on n'aurait pas pu entrevoir une bonne fois l'heure de la délivrance ? Que si, par bonheur, on avait débloqué le maréchal Bazaine et qu'on fût revenu avec son armée harceler les Prussiens assiégeant la capitale, n'aurait-il pas été permis à tout bon Français d'espérer la victoire, et comme conséquence une paix honorable ?

Il faut croire que ce plan, le seul vraiment praticable, n'a pas été mis à exécution, par suite des difficultés qui assaillent tout pouvoir nouveau, au lendemain d'une révolution. Paris a été comme Sedan, une souricière (qu'on nous passe cette expression), et le général Trochu qui s'y est trouvé renfermé, a vu se consumer inutilement ses talents, son zèle et son patriotisme.

Les vivres, qui sont toujours insuffisants dans une place assiégée, ont été diminués encore par la consommation quotidienne de cette armée que nous aurions voulu voir dehors, parce que sous la conduite d'un homme tel que Trochu, et avec la complète liberté de ses mouvements, elle aurait pu opérer des merveilles. On n'aurait plus songé alors à la trouée ; car l'armée disponible étant dehors, au lieu d'être enfermée, la trouée n'avait plus sa raison d'être, et il était loisible au Gouvernement de porter son attention sur d'autres parties défectueuses de notre situation militaire.

Nous compléterons ces renseignements ultérieurs, et nous serons amenés à expliquer dans un nouvel article les appréciations probables de l'Assemblée nationale sur la conduite de nos affaires pendant la période de cinq mois qui vient de s'écouler.

—————

17 Février 1871.

Nous avons indiqué dans notre précédent numéro ce qu'il nous paraissait utile d'exécuter dans l'intérêt sagement compris de la défense, et nous avons manifesté nos regrets de voir nos derniers défenseurs réduits à faire de la politique dans la capitale assiégée.

Si le salut de Paris était surtout dans le développement rapide des armées de province, et si pour assurer ce développement il était indispensable de ne garder que le strict nécessaire en fait de troupes, il ne s'en suit pas que les fautes une fois accomplies, on n'ait pas pu tirer un meilleur parti des ressources dont on disposait.

Lorsqu'on songe aux forces énormes renfermées dans Paris, et qu'on se reporte par la pensée vers les trois ou quatre opérations militaires, exécutées comme à regret, par nos généraux, on éprouve une profonde surprise. N'y a-t-il pas disproportion entre les moyens et les actes ? Telle est la question que chacun se pose involontairement, sans pouvoir y répondre.

La trouée étant, comme nous le croyons fermement, chose absolument impraticable, devrons-nous en conclure qu'après avoir eu le malheur d'appeler dans Paris des troupes, qui auraient été si utiles ailleurs, on ait eu le droit d'attendre passivement son salut de l'activité décousue et fiévreuse de M. Gambetta ? Pour bien juger d'une telle situation, et prendre conseil de la logique et du bon sens, il faut encore se reporter au mois de Septembre. Avec les 90,000 mobiles et le corps de Vinoy, n'était-il pas possible d'établir au nord, au sud, à l'est et à l'ouest un camp retranché de 25,000 hommes ?

L'investissement est la mort lente pour une place de guerre ; il faut donc à tout prix en diminuer les inconvénients. Si, grâce à ces quatre camps, installés à nos quatre points cardinaux, et commençant à la limite même de la portée du canon de nos forts, on avait mis l'ennemi dans la nécessité d'augmenter considérablement la longueur de ses lignes, n'aurait-on pas gêné sensiblement la stratégie prussienne ? Une circonférence de soixante lieues ne s'établit pas avec la même facilité qu'une circonférence de vingt-cinq, et si nous avions forcé nos adversaires, par suite de l'agrandissement de notre rayon, à former cette ligne immense, ne voit-on pas sur-le-champ qu'ils se seraient affaiblis de tout ce dont nous aurions profité ?

Dira-t-on que les camps dont nous parlons pouvaient être tournés ? Admettra-t-on que, soutenus par nos forts sur lesquels ils se seraient trouvés appuyés, ils n'auraient pas été pour l'attaque un obstacle invincible, en même temps qu'un moyen précieux d'action et d'information pour la défense ?

De pareilles vérités sont saisissantes, et il y aurait puérilité à les discuter. Il faudrait seulement une main plus exercée que la nôtre pour énumérer une à une les conséquences avantageuses du système que nous venons d'exposer. Nous nous bornerons à faire remarquer que plus l'ennemi aurait été éloigné, plus le bombardement des derniers jours aurait été difficile, pour ne pas dire impossible ; et nous ajouterons que nous aurions eu à notre disposition la zone qui répond à l'ancienne banlieue parisienne, dans laquelle nos cultivateurs auraient continué certaines cultures, malgré la rigueur d'un hiver exceptionnel. Ainsi, d'une part, la rive gauche de la Seine se serait trouvée hors de la portée des obus, les quartiers qui la composent n'auraient pas subi les affreuses pertes matérielles qui ont causé tant de stupeur en Europe, et les infortunés habitants, qui se voyaient menacés dans leur existence et dans leurs biens, n'auraient pas été obligés d'accomplir sur la rive droite une émigration pénible et précipitée. D'autre part, nos ressources alimentaires se seraient augmentées d'une manière notable, car les habiles cultivateurs qui entourent la capitale et qui travaillent l'hiver dans des myriades de serres chaudes, auraient vu leur industrie stimulée forcément par l'appât d'une vente certaine et celui d'un profit largement rémunérateur.

Pour tout observateur impartial, les opérations militaires tentées par nos généraux, à partir des derniers jours de Novembre, n'ont été qu'une satisfaction donnée à l'opinion publique. En dehors des deux systèmes auxquels il aurait fallu se rattacher, suivant nous, il ne restait plus de place pour les grandes entreprises. Un gouvernement plus ancien et plus fort que celui du 4 Septembre, et duquel on aurait moins attendu, aurait dû s'appliquer à faire comprendre à la population que la résistance, même la plus héroïque, doit présenter, avant tout, des côtés pratiques ; et que, pour réussir, il faut se défier des sorties exécutées sur vaste échelle, bruyamment et avec une mise en scène insensée.

Nos ennemis sont habiles, ils sont braves, et pourtant ils se battent le moins possible. La guerre actuelle leur laissera la réputation d'adversaires invisibles. S'ils ont obtenu des succès constants, c'est pour une multitude de raisons que nous n'avons pas la possibilité d'énumérer ici ; mais c'est notamment à leur immense artillerie qu'ils les doivent. Il fallait donc s'acharner à détruire leurs pièces ; il fallait s'en approcher méthodiquement par des travaux continuels, en ayant constamment le fusil et la pioche à la main, afin de s'abriter derrière des tranchées. Est-ce que le général Todtleben ne nous avait pas initié à ce genre d'opérations pendant le siége de Sébastopol ?

L'artillerie, constituant la principale force de l'armée prussienne, on aurait rendu cette armée d'un tiers, d'un quart moins redoutable, si l'on était parvenu, à force de persévérance, à détruire le tiers ou le quart des batteries dont elle disposait.

En résumé, nous n'avons pas été heureux. Nos ennemis ont recueilli des résultats qui les étonnent eux-mêmes. Nos généraux ont échoué malgré leur bravoure et leur capacité ; le pays s'est prêté sans murmurer à tout ce qu'on a exigé de lui. Il faut donc s'incliner sous la volonté de la Providence qui nous donne des leçons nécessaires et qui ne nous frappe que pour nous guérir. L'histoire n'a jamais enregistré, à aucune époque, une telle série de revers ; jamais aussi l'impuissance des hommes qui ont eu dans leurs mains les destinées du pays, avant et après le 4 Septembre, n'a été plus palpable. Si les plus méritants d'entre eux ont été aveuglés ou arrêtés par un imprévu continuel, reconnaissons dans ces événements la preuve d'une intervention suprême ; acceptons le châtiment avec humilité et disons-nous que malgré l'immensité du désastre, s'il était permis à nos ancêtres de faire une courte apparition sur la terre, ils n'auraient pas à rougir de leurs descendants. Cette dernière consolation rendra, *nous voulons le croire*, la tâche de la nouvelle Assemblée moins pénible, et lui inspirera des résolutions patriotiques dignes des circonstances solennelles que nous traversons.

Brest. — Imp. J. B. Lefournier aîné.